El niño que vive junto al mar

Virginia Mena
Ilustraciones

Ángeles Tomé
Texto

Publicado por Liberum Vox Books

Proyecto y realización: © Liberum Vox Books
Ilustraciones: © Virginia Mena
Textos: © Ángeles Tomé

© 2017 para la edición en español Liberum Vox Books
www.liberumvoxbooks.com

Primera edición
ISBN: 978-1-910650-09-7

Todos los derechos reservados. Ninguna parte de esta publicación puede ser reproducida, almacenada o transmitida de ninguna forma y por ningún medio, sin autorización previa del editor.

*Para Alba y Anna,
que con su sola existencia
llenan mi corazón.*

V.

*Para David.
Mi luz de cada día.*

A.

Desde el balcón de mi casa
con mis ojos...

Veo, veo... ¿Qué ves?

Veo un velero
que empuja el viento.

Veo un peñón
como la cabeza de un dragón.

Veo las gaviotas que me saludan,
veo el Sol que se despide
y la Luna que se asoma.

Desde el balcón de mi casa
veo, por la mañana, antes de ir al cole
al barrendero que me dice "Hola".

Y por la tarde, cuando vuelvo,
veo a mis vecinas, Carmen y María,
que salen a pasear
y con la mano me dicen "Adiós".

Cuando voy a la playa
con mis dedos, con mis pies...
con todo mi cuerpo...

Toco, toco... ¿Qué tocas?

Toco la arena
que se escurre entre mis dedos.

La lanzo, la aprieto, la aplasto...

Construyo castillos y ciudades...
y encuentro grandes tesoros ocultos.

Toco
el tronco rugoso
de un pino.

Se me engancha
la sabia en los dedos.

¡Qué pegajoso!

Y arrastro los pies
sobre la tierra...

¡Ya estoy listo para ir a la bañera!

Cuando voy a la playa
con mi boca...

Saboreo, saboreo... ¿Qué saboreas?

Saboreo el sabor salado del mar.

Me mojo los pies...
me sumerjo...

Y siento el calor del sol
en todo mi cuerpo.

Desde la ventana de mi casa
con mi nariz...

Huelo, huelo... ¿Qué hueles?

Por la mañana abro la ventana.

Cierro los ojos...
respiro profundo...

Huelo el aroma del mar
mezclado con los pinos,
las almejas y los peces...

Siento el aire fresco
del verano en mi cara.

Y en invierno el aire gélido
que me hiela los cachetes.

Desde la ventana de mi casa
con mis oídos...

Oigo, oigo... ¿Qué oyes?

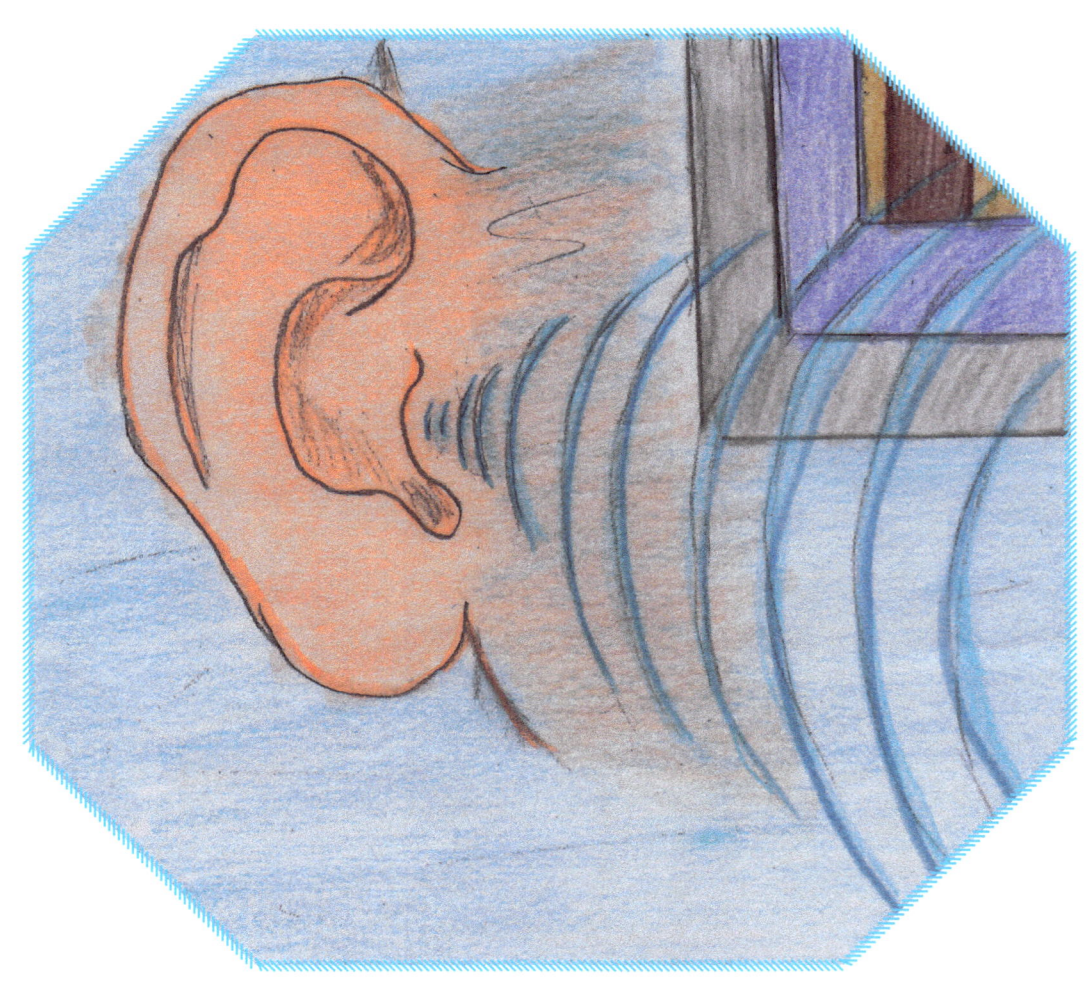

Cierro los ojos y oigo...
las olas del mar,
el graznido de una gaviota...

Y por la mañana muy temprano,
antes que el sol se asome,
oigo una sinfonía de pájaros
que cantan sin parar.

Y cuando las noches de tormenta...

El viento sacude las persianas,
el mar ruge furioso
y el trueno rompe el cielo
después que el relámpago
todo lo ilumina...

Y en mi recuerdo
vuelven las imágenes que me agradan...

Veo el velero, la gaviota,
el peñon con la cabeza de dragón,
al sol y la luna,
a mis vecinas que me saludan...

Vuelven los sonidos que hacen
los pájaros, las olas del mar...

Junto con los olores, los sabores y
las sensaciones sobre mi piel
de la rugosidad de la arena
que se escurre por mis dedos,
del agua fresca del mar con su sabor salado...

y todas las cosas que me gustan...

VEO OIGO HUELO SABOREO TOCO VEO OIGO HUELO SABOREO TOCO VEO OIGO HUELO SABOREO TOCO ?

www.ingramcontent.com/pod-product-compliance
Lightning Source LLC
Chambersburg PA
CBHW042357280426
43661CB00096B/1149